PARIS. — IMPRIMERIE C. CHAUFOUR

8-10, Rue Milton, 8-10

7 février 1905 P

BELLE COLLECTION

DE

COUTELLERIE D'ART

DE

l'Antiquité, du Moyen-Age

DE LA

Renaissance au XVIIIe siècle

PIÈCES DE MAITRISE

CATALOGUE

D'UNE

BELLE COLLECTION

DE

COUTELLERIE D'ART

ŒUVRES PRÉCIEUSES

de l'Antiquité, du Moyen-age, de la Renaissance
au dix-huitième siècle
en or, argent, fer et bronze ciselés et émaillés, en ivoire
buis et cristal de roche

PIÈCES DE MAITRISES

et dont la vente aura lieu à Paris

HOTEL DROUOT — SALLE N° 7

Le Mardi 7 Février 1905, à 2 heures 1/4

Me F. LAIR-DUBREUIL
COMMISSAIRE-PRISEUR
6 Rue de Hanovre, 6

M. Arthur BLOCHE
EXPERT PRÈS LA COUR D'APPEL
51, Rue Saint-Georges, 51

EXPOSITION PUBLIQUE

Le Lundi 6 Février 1905, de 2 heures à 6 heures

CONDITIONS DE LA VENTE

Elle sera faite expressément au comptant.

Les acquéreurs paieront 10 o/o en sus des adjudications.

L'exposition mettant le public à même de se rendre compte de l'état des objets, il ne sera admis aucune réclamation une fois l'adjudication prononcée.

PARIS. — IMP. J CHAUFOUR, P ? 10, RUE MILTON

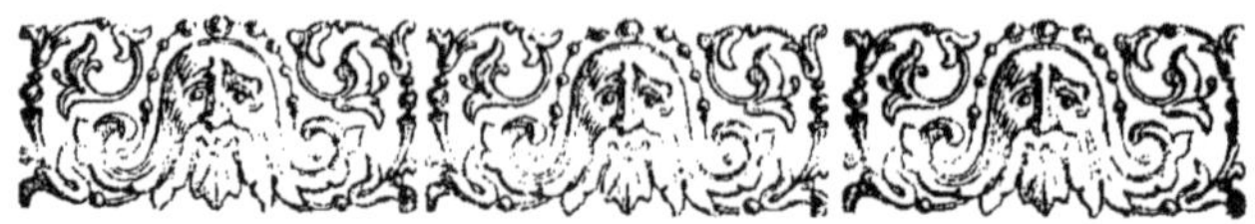

DÉSIGNATION

COUTELLERIE D'ART

SERVICES

ET COUVERTS DE CHASSE

1 — Trois pièces de service de chasse dont deux à larges lames et la troisième à lame arrondie et pointue à l'extrémité. Manches en cuivre gravé avec rosaces ajourées ; le haut à fusées saillantes recouvertes de feuillages, flanquées de deux oreilles de forme irrégulière. Le milieu du manche sur chaque face orné d'incrustations de nacre et de corne noire. Venise, XVe siècle.

2 — Couteau présentoir dit de curée, à large lame plate, manche en bronze, forme effilée

et octogonale emboîtant la lame sous forme de feuillage gravé et dentelé. xvie siècle.

3 — Couteau de chasse avec lame finement gravée près du talon, dessin à ornements rehaussés de vestiges de dorure, frappée d'un cachet de maître. Manche en cuivre gravé à entrelacs symétriques, avec pommeau en noix de coco, recouvert à l'extrémité de feuillage en cuivre. xvie siècle.

4 — Service de chasse composé d'un couteau et d'une fourchette, tout d'une pièce, en fer gravé et rehaussé de vestiges de dorure, avec manches recouverts d'ivoire en partie. La lame du couteau présente d'un côté une figure de femme et de l'autre une figure de chevalier en armure, se dessinant sur un champ d'ornements ; au-dessous, les armes des *Capellos*. Italie xvie siècle.

5 — Couteau de chasse à dépecer à lame gravée, dessin à arabesques, manche en fer ciselé et doré, embase à feuillages, la fusée avec plaquettes de nacre, surmontée d'un chapiteau corinthien sur lequel est posé un lion héraldique tenant un écusson. Italie, xvie siècle.

6 — Petit couteau de service de chasse à lame fine gravée sur le dos et au talon à arabesques sur fond rehaussé de vestiges d'or ; manche en fer finement ciselé, dessin à feuilles d'acanthe, rubans enroulés et ornements se terminant en chapiteau ionien couronné par un aigle au bec ouvert dont le plumage se dessine en forme de longues feuilles ; de chaque côté du manche, sont appliquées deux plaquettes de nacre. Italie, XVIe siècle.

7 — Fourchette à deux dents dont une à éperon adhérentes au manche tout en fer finement ciselé, représentant un chevalier en armure, assis sur un masque et portant dans chaque main des bustes de femmes. Le manche se termine par deux petits balustres à pointes de diamants reliés par une rondelle à saillies et couronné par un accouplement d'aigles portant sur leurs ailes l'anneau à suspendre. Allemagne, XVIe siècle.

8 — Couteau de chasse à large lame, manche en argent finement gravé. Le décor divisé en huit compartiments représentant d'un côté un cavalier bardé de fer, un attribut de musique,

un écusson et un trophée d'instruments symboliques ; de l'autre côté un personnage casqué et assis, deux trophées de musique et d'ornements et un autre écusson. L'extrémité présente des rinceaux entrelacés et des ornements raphaëlesques rehaussés d'or. Italie, XVIe siècle.

9 — Grand couteau de chasse à large lame dite présentoir gravée à grande fleur épanouie sur un champ de tulipes, de dahlias et de feuillages, manche en corne de cerf ; monture en fer gravé quillons droits se terminant en têtes de chiens. Allemagne, XVIe siècle.

10 — Fourchette de chasse à deux dents en fer uni, manche finement fuselé et festonné se terminant par un pommeau en forme d'œuf. Allemagne, XVIIe siècle.

11 — Couvert de chasse composé d'un couteau et d'une fourchette à deux dents avec manches en bronze ciselé et doré représentant des têtes de chérubins à doubles faces sur des gaines cannelées et posant sur des masques fabuleux. Allemagne XVIIe siècle.

12 — Couteau de chasse à lame contournée avec poinçons de Maître ; manche en corne noire incrustée d'argent, décor à sujets de chasse au milieu d'arabesques feuillagées XVIIe siècle.

13 — Service de veneur composé de trois pièces : couteau présentoir, couteau à dépecer et fourchette à piquer, lames avec poinçons. Manches en ivoire à huit faces cintrées ornées de fines incrustations d'argent ; viroles en fer clouté d'argent. Allemagne, XVIIe siècle.

14 — Couvert de chasse : couteau et fourchette à deux dents, lame avec poinçons et inscriptions MORITZBURG. Manche en ivoire forme octogonale orné d'un fin cloutage d'argent, monture en argent gravé. Allemagne, vers 1700.

15 — Couvert de chasse lame et manche tout d'une pièce en fer forgé et ajouré à rubans enroulés. Allemagne XVIIIe siècle.

16 — Couteau de chasse dit présentoir, lame avec poinçon et fleur de lys ; manche en ivoire sculpté en forme de gaine cannelée surmontée d'un masque fabuleux riant la bouche très ou-

verte, montrant ses dents et sa langue, encadré de feuillages; dans sa gaine en cuir rouge. Travail d'un caractère intéressant. Fin du XVIe siècle, ou commencement du XVIIe siècle.

COUVERTS

ET PIÈCES DE VOYAGE

17 — Couteau à lame poinçonnée et fourchette à deux dents, manches en ivoire finement sculpté tout d'une pièce, offrant sur trois étages superposés des scènes de fêtes champêtres composées de nombreux personnages. Travail très remarquable par la composition et les groupements des figures caractérisant bien les mœurs et les coutumes de l'époque et rappelant par le caractère et l'expression des physionomies les plus jolis travaux de l'époque par les meilleurs artistes. Allemagne, XVIe siècle.

18 — Deux pièces : couteau à lame cintrée gravée d'arabesques près du talon sur fond noirci ; elle offre de chaque côté des figures

d'amours. Le manche en fer gravé présente sur chaque face et rehaussé de vestiges de dorure, une ornementation raphaëlesque. La fourchette beaucoup plus petite que le couteau est analogue comme travail. Italie, XVIe siècle.

19 — Couteau à lame poinçonnée et couronnée et fourchette à deux dents; manches en ambre clair en forme de gaine offrant en transparent des motifs à arabesques, se terminant par des bustes de personnages. Kœnisgberg, XVIIe siècle.

20 — Couteau à lame poinçonnée et fourchette à deux dents avec manches en ivoire en forme de cariatides de personnages coiffés de turbans, habillés de cottes de mailles avec collier et diadème en ambre incrusté. Fin du XVIe siècle.

21 — Coateau à lame poinçonnée et fourchette à deux dents, manches en argent fond émaillé noir avec arabesques fleuries réservées et en partie dorées; sur chaque face au milieu se détachent en relief et dorés sur fond bleu des bustes d'enfants. Les extrémités en vermeil et

gravé offrent les armes d'un électeur de Saxe. Saxe, XVIIe siècle.

22 — Couvert : couteau et fourchette avec manches en fer ciselé, ornés chacun de plaques de nacre entrecoupées d'un chapiteau viroles à feuilles d'acanthe ; dans une gaîne en fer repercé à jour offrant un personnnge debout, un double aigle héraldique et des attributs de chasse, et de l'autre côté la date 1652 et les lettres H. S. Allemagne, XVIIe siècle.

23 — Six petits couverts, couteaux à lames poinçonnées et fourchette à deux dents avec manches en fer doré enrichis de pierreries et ornés sur chaque face de plaquettes de nacre. Allemagne, XVIIe siècle.

24 — Couteau à lame poinçonnée et fourchette à trois dents dont deux dentelées se pliant, en fer ciselé, manches en agate appliquée d'ornements en argent ajouré. Allemagne, XVIIe siècle.

25 — Couteau et fourchette à trois dents, manches ornés de plaques d'ivoire teinté vert

garni de petites appliques d'argent dessin à rosaces. Allemagne, XVIIe siècle.

26 — Couteau à lame pliante et fourchette à deux dents creuses à l'intérieur, avec manches en écaille garnie d'applications d'argent à fleurs et feuillages. Allemagne, XVIIe siècle.

27 — Couteau à lame poinçonnée et fourchette à deux dents, pouvant se fermer, manches en corne garnis de rosaces. Allemagne, XVIIe siècle.

28 — Couteau et fourchette à deux dents, manches formés de pieds de biche, fers en argent. Allemagne, XVIIe siècle.

29 — Couteau à lame poinçonnée et fourchette à deux dents avec manches en bronze émaillé forme gaîne surmontés de deux figurines joueurs de cornemuse. Fin du XVIIe siècle.

30 — Couteau à lame poinçonnée et fourchette à dents longues et effilées, manches en bronze formés par des statuettes de dames nobles. Allemagne ou Hollande, commencement du XVIIIe siècle.

31 — Petit couteau et petite fourchette, manches en bronze ciselé et doré forme gaîne coquillée surmontée d'un pied de biche. Allemagne, XVIIe siècle.

32 — Couteau à lame poinçonnée et fourchette à deux dents effilées, avec manches en corne sculptée représentant des boucs émergeant à mi-corps d'une gaîne à coquille. Styrie, XVIIIe siècle.

33 — Couvert de voyage : couteau à lame poinçonnée et fourchette à deux dents, manches en bois incrusté d'ornements à rosaces, viroles en argent. Moravie, XVIIIe siècle.

34 — Couvert de voyage composé de deux petits couteaux et d'une petite fourchette à deux dents, manches en bois, monture, argentées. Dans une gaîne en cuivre gravé et argenté sur fond de velours, dessin ajouré à vases fleuris, avec chaîne et agrafe. Tyrol, XVIIIe siècle.

COUVERTS DE TABLE

35 — Couvert composé de quatre pièces : couteau, fourchette, grande cuiller à coquille de nacre et petite cuiller se terminant par un coquillage. Les manches sont en ivoire teinté de diverses couleurs et enrichis de pierreries et matières précieuses, viroles ciselées à figures d'enfants. Venise, XVIe siècle.

36 — Couvert composé de trois pièces : couteau, fourchette et cuiller. Manches en cristal de roche taillé à canaux, viroles gravées. Allemagne, XVIIe siècle.

37 — Couteau, fourchette à deux dents et cuiller à coquille en argent, manches en émail fond blanc à fleurs et volatiles enchâssés de cuivre argenté et gravé. Allemagne, XVIIe siècle.

38 — Couvert composé d'un couteau, d'une fourchette et d'une cuiller en argent ciselé et doré dessin en relief à fleurs épanouies.

39 — Couvert de voyage se pliant composé d'un couteau à lame poinçonnée, d'une fourchette

à deux dents et d'une cuiller à coquille en argent doré, manches en fer damasquiné d'or à scènes de chasse et fleurs. Allemagne, XVIIe siècle.

40 — Couteau, fourchette et cuiller en argent à côtes tournantes. Augsbourg, XVIIIe siècle.

41 — Couvert de table composé de cinq pièces : couteau, fourchette à deux dents à virole en fer ciselé et doré, une cuiller à coquille ovale, deux très petits couteaux et fourchette. Manches en ivoire sculpté, dessin à perlés. Allemagne, XVIIIe siècle

42 — Couvert composé d'un couteau à lame recourbée, d'une fourchette à trois dents, d'une cuiller à coquille ovale en argent gravé et doré manches en argent et filigrane. XVIIIe siècle.

43 — Couvert de gala composé de : 1° un couteau à lame damasquinée d'or à fleurs, manche en argent niellé et gravé, parties dorées ; 2° d'une fourchette à deux dents en argent doré, ciselé à côtes tournantes ; 3° d'une cuiller à tige et coquille en néphrite grise. Les manches sont surmontés de branchages en corail. Orient, XVIIIe siècle.

COUVERTS VARIÉS

44 — Service de voyage, composé d'un couteau à lame longue, d'un poinçon à manches d'ivoire, d'une fourchette à deux dents à tige en argent surmontée d'une boule en filigrane d'argent doré, contenu dans une gaîne en cuir, recouvert d'anneaux avec gorge et extrémité en argent ajouré à têtes de chérubins et ornements avec chaîne à suspendre. Ce service faisait partie de l'argenterie trouvée à Ratisbonne. XVIe siècle,

45 — Service de voyage dans une gaîne en cuir gravé et ajouré, composé d'un couteau et d'une fourchette à manches d'argent gravé avec plaquettes en corne garnie d'argent et d'un fusil à couteau en fer ciselé à spirale perlée et pouvant former tire-bouchons. Bavière, XVIIIe siècle.

46 — Nécessaire de voyage composé d'un couteau avec manche octogonal en argent niellé à feuillages, d'une fourchette en argent et d'une

paire de ciseaux, contenus dans une gaîne en cuir gravé garni d'argent. Italie, XVIe siècle.

47 — Service de deux couteaux à lame poinçonnée et d'un poinçon avec manche en corne garnie d'argent gravé à arabesques et rosaces, dans une gaîne en cuir richement garni d'argent gravé et accompagnée de sa chaîne et de son agrafe. Allemagne, XVIIe siècle.

48 — Service composé de deux couteaux et d'un poiçon en fer ciselé, le fuseau du manche damasquiné d'or et se terminant par des têtes de lions, dans une gaîne en fer découpé et repercé, appliqué sur fond de velours. XVIe siècle.

49 — Fourchette à trois dents formant cuiller en ivoire sculpté à cariatide de femme, avec coulant mobile en ivoire sculpté à mascarons, tige surmontée d'un chapiteau corinthien. Allemagne, XVIIe siècle.

50 — Trois cuillers à coquilles en argent et trois fourchettes à deux dents avec manches en buis sculpté, ceux des cuillers formant des groupes d'enfants jouant au milieu de rocailles

et ceux des fourchettes représentant Hercule, Samson et David. Italie. XVIIIe siècle.

51 — Gaîne à couteau en bois recouvert d'étain ajouré et gravé, dessin à grandes feuilles quadrillées, col et extrémité à figures allégoriques. Daté 1563.

52 — Etui à petit couteau en fer gravé à arabesques feuillagées. Allemagne, XVIIIe siècle.

53 — Manche de couteau en bronze forme animal tenant une tête d'homme entre ses pattes, sur gaînes à double masque. Trouvé en Italie (400 ans avant Jésus-Christ).

54 — Couteau en fer avec lame et manche d'une seule pièce en fer. Autriche (300 ans avant Jésus-Christ).

55 — Manche de couteau byzantin en ivoire sculpté représentant un guerrier du XIIIe siècle.

56 — Couteau avec manche en os sculpté à tête de femme, surmonté d'un chien, lame en fer. Trouvé dans la Moselle. XIIIe siècle.

57 — Couteau à lame avec talon gravé et doré, manche en fer ciselé et doré à cariatide de femme posant sur un chapiteau corinthien, et orné de deux plaquettes de nacre. Italie xvie siècle.

58 — Couteau avec lame gravée et dorée au talon. manche en corne noire surmonté d'un chapiteau corinthien sur lequel est posé un animal fantastique ailé à tête humaine, virole ciselée et dorée. Italie, xvie siècle.

59 — Couteau, manche en fer ciselé avec vestiges de dorure à figure de sphynx ailé sur un chapiteau et garni de plaquettes de nacre. Italie, xvie siècle.

60 — Couteau avec lame poinçonnée, manche en fer ciselé et doré à balustre godronné, garni de plaquette de nacre. Italie, xvie siècle.

61 — Couteau, lame gravée à armoiries, manche quadrangulaire en nacre surmonté d'un chapiteau en fer ciselé. Italie, xvie siècle.

62 — Couteau, lame avec talon gravé et doré, dos à crans, manche en fer ciselé à spirale avec tête de femme. xvie siècle.

63 — Couteau à lame gravée, manche en cuivre ciselé et doré garni de plaquettes d'argent niellé. Italie, xvie siècle.

64 — Couteau, manche en argent niellé, dessin à volatiles et médaillons à petits personnages. France, xvie siècle.

65 — Couteau en fer, lame étroite et poinçonnée manche incrusté d'argent, dessin à fleurs et feuillages en relief. Allemagne, xvie siècle.

66 — Couteau avec manche en buis sculpté offrant en relief sur les deux faces principales des figures de saint et de sainte, sur les petits côtés une corne d'abondance et des enfants au milieu de fleurs ; le haut représente des scènes bibliques. Virole et tête en argent. Allemagne, xvie siècle.

67 — Couteau à gratter avec petite lame gravée et dorée à bustes de saints sur fond d'or ; manche long en buis finement sculpté le haut représentant la Vierge et l'Enfant au milieu d'anges portant une couronne ; le bas à groupes de musiciens et têtes de saints et de saintes. Allemagne, xvie siècle.

68 — Couteau à gratter lame courbe gravée et dorée ; avec long manche en buis sculpté à nombreux personnages et cavaliers se profilant en haut relief. Allemagne, XVIe siècle.

69 — Grattoir, manche quadrangulaire à quatre faces en ivoire sculpté et ajouré à têtes d'animaux fantastiques au milieu de volutes sur base ornée de perles. XVIe siècle.

70 — Deux petits couteaux, manches en ivoire sculpté à facettes, viroles et têtes garnies d'argent, talons et dos gravés. XVIe siècle.

71 — Couteau, manche en ivoire sculpté représentant Samson portant un lion ; dans sa gaine également en ivoire sculpté à cannelures offrant sur le devant en bas-relief un médaillon à figure de guerrier. France, XVIIe siècle.

72 — Grattoir avec manche en ivoire formé d'un groupe de deux amours au milieu de feuillages supportant un chapeau de cardinal. Lame à crans presque entièrement gravée et dorée aux armes des Barberini. Italie, XVIIe siècle.

73 — Couteau, manche en ivoire sculpté à figure de sainte, posant sur un motif feuillagé, XVIIe siàcle.

74 — Couteau avec manche eu bronze ciselé et doré à tête de cheval marin sur fuseau à spirale. Allemagne, XVIIe siècle.

75 — Couteau avec lame poinçonnée, manche en bronze avec vestiges de dorure en forme de cariatide d'homme sur gaine à mascaron. XVIIe siècle.

76 — Couteau en fer, manche à pans, surmonté d'une calotte à boutons. Fouille d'Allemagne. XVIIe siècle.

77 — Grand couteau pliant à large lame, manche en bronze ciselé offrant en bas-relief sur les deux côtés des scènes de chasse. Allemagne, XVIIe siècle.

78 — Quatre couteaux, manches en ivoire sculpté à figures allégoriques aux Saisons, viroles en argent gravé. Allemagne, XVIIIe siècle.

79 — Couteau, lame en argent doré, manche en verre opaque peint à semis de fleurs. Italie, fin du XVIIIe siècle.

80 — Petit couteau avec manche en fer ciselé et damasquiné d'or à tête de chien, orné de quatre plaquettes en nacre. XVIIIe siècle.

81 — Couteau pliant, manche en écaille incrustée de rondelles en nacre et de rosaces en cuivre, lame étoilée. Allemagne, XVIIIe siècle.

82 — Couteau de toréador, manche en corne noire à pans garnie de cuivre. Espagne, XVIIIe siècle.

83 — Couteau de toréador, manche en corne cotelée et cloutée de cuivre, lame gravée à armoiries. Espagne, XVIIIe siècle.

84 — Couteau, manche quadrangulaire en ivoire, virole et tête en cuivre gravé, gaine en argent à cannelures. Péninsule des Balkans, XVIIIe siècle.

FOURCHETTES

85 — Fourchette romaine à quatre dents en corne blanche, forme aplatie. Fouilles près de Mayence.

86 — Fourchette à deux dents, manche en cuivre plaqué de nacre. Allemagne, XVIe siècle.

87 — Fourchette à deux dents, manche long garni de corne et d'argent doré. Allemagne, XVIe siècle.

88 — Petite fourchette à deux dents longues, manche à fleurs émaillées en relief sur fond argent doré. Allemagne, XVIIe siècle,

89 — Fourchette pliante à deux dents, manche en bois clouté d'argent, dos fer gravé. Hollande, XVIIe siècle.

90 — Fourchette à dents creusées, manche en écaille étoilé d'argent. Allemagne, XVIIe siècle.

91 — Fourchette pliante à deux dents, manche garni de corne et de rosaces en fer. Allemagne, XVIIIe siècle.

CUILLERS

92 — Cuiller égyptienne, manche en bois sculpté en forme d'homme les bras croisés et portant sur sa tête la coquille ovale. Environ 1,000 ans avant Jésus-Christ.

93 — Deux manches de cuiller en plâtre teinté noir. Environ 500 ans avant Jésus-Christ.

94 — Manche de cuiller en ivoire sculpté, forme jambe et bras entrelacés se terminant par trois têtes d'animaux. Fouilles près de Mayence. Roumanie, XIIIe siècle.

95 — Cuiller en bronze, tige se terminant en pointe, coquille recourbée. Fouilles près de Mayence, XIIe ou XIIIe siècle.

96 — Cuiller en coquillage tigré, monture en argent gravé et doré. XVIe siècle.

97 — Cuiller avec manche en argent gravé et doré surmonté d'un demi-corps de chien tenant un écusson, coquille ovale en nacre avec attache enrichie d'une émeraude. Allemagne, XVIe siècle.

98 — Cuiller pliante avec manche quadrangulaire forme colonne en argent gravé, virole mobile, coquille en nacre avec attache à tête de lion. Allemagne, XVIe siècle.

99 — Cuiller en argent gravé, manche légèrement recourbé se terminant par une cariatide de femme. Regensburg, XVIe siècle.

100 — Cuiller en argent ciselé et doré, manche surmonté d'une figure de femme tenant un écusson, coquille gravée, dessin représentant à l'intérieur une tête de chérubin et à l'extérieur un groupe de fruits. Danemark, fin du XVIe siècle.

101 — Cuiller en argent ciselé et doré, manche se terminant par un bouton orné de deux oiseaux allégoriques, intérieur de la coquille gravé. Danemark, fin du XVIe siècle.

102 — Cuiller en argent, manche gravé à scènes de chasse et arabesques se terminant en fleuron. XVIe siècle.

103 — Cuiller en bois sculpté, manche forme colonne torse surmonté d'une figurine de saint en argent. Allemagne, XVIe siècle.

104 — Cuiller à coquilles en corne rougie, manche en argent se terminant en boule. Allemagne, XVIe siècle.

105 — Cuiller en buis sculpté, manche représentant une figurine de saint Jacques.

106 — Cuiller pliante en ivoire, manche en forme de volute, dos de la coquille gravé à flèche, dans une boîte en buis avec chiffre I. H. S. gravé. XVIIe siècle.

107 — Cuiller en agate rouge, virole gravée. Allemagne, XVIIe siècle.

108 — Cuiller en bois sculpté, manche long se terminant par un poing fermé, coquille creuse. Travail de paysan de la Forêt noire, XVIIe siècle.

109 — Cuiller en bois sculpté, manche à tête d'homme barbu, portant une boule mobile sculptée dans la masse. Travail de paysan suisse de la fin du XVIIe siècle.

110 — Quatre cuillers en bois gravé incrusté d'argent. Bosnie, XIXe siècle.

111 — Cuiller en argent par parties dorée ciselée et gravée, manche à torsade, coquille feuillagée. Russie, XIXe siècle.

PIÈCES DE MAITRISE

112 — Service de maîtrise composé de sept pièces : trois couteaux, un marteau surmonté d'une vrille, une scie, une lime avec lame de couteau se terminant en tourne-vis et un coin en fer ciselé orné de vestiges de dorure, manches arrondis ornés de plaquettes en corne noire surmontés de chapiteaux corinthiens se terminant en têtes d'oiseaux allégoriques sur les couteaux et la scie et en forme de vase sur les trois autres pièces, viroles à

feuilles d'acanthe ; lames gravées et dorées aux talons. Italie, XVIe siècle.

113 — Hachoir, manche en ivoire sculpté offrant d'élégants rinceaux et des chimères, lame large découpée et ajourée en fer gravé à personnages. Fin du XVIIe siècle.

114 — Casse noix en bronze, manche se terminant en forme de chien et d'oiseau. Roumanie XIIe ou XIIIe siècle.

115 — Quarante-six outils de tourneur en fer finement gravé, dessins à poussins et ornements feuillagés. Allemagne, XVIe siècle.

116 — Service pliant de jardinier, contenant une scie, une lame à pointe recourbée et une lame pointue avec inscription : « *In te domine speram non confondon in eternum* », talons gravés et dorés ; manche en ivoire gravé avec large virole en fer incrusté d'or et d'argent. XVIIe siècle.

117 — Services ou pièces diverses non catalogués.

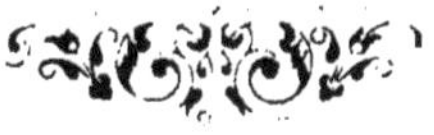

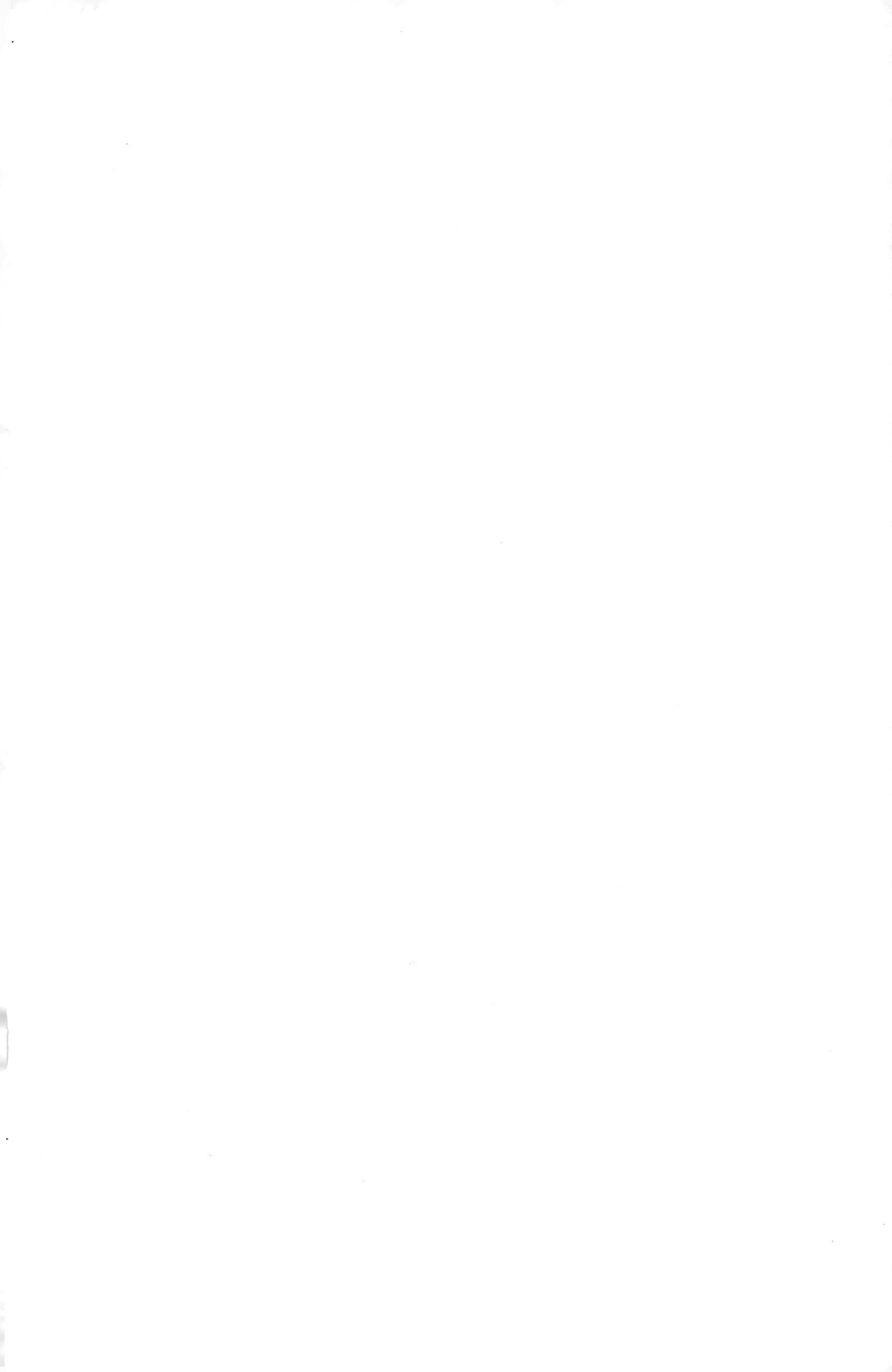

www.ingramcontent.com/pod-product-compliance
Ingram Content Group UK Ltd.
Pitfield, Milton Keynes, MK11 3LW, UK
UKHW021109270726
13993UKWH00006B/1994